www.ingramcontent.com/pod-product-compliance
Lightning Source LLC
Chambersburg PA
CBHW080929170526
45158CB00008B/2223
9781088422595